뚝딱 그림, 느낌으로!!

자동암기

신비한자

김인숙 지음

8급

다락원

김인숙
한어교육원 대표
한중상용한자지도사 양성
한자놀이지도사 양성
어린이중국어지도사 양성
유한대학교 외래교수
중국루동대학교 국제중국어과 석좌교수

» 저서
「자동암기 신비한자 8급, 7급, 6급, 5급 시리즈」
「가장 쉬운 어린이 중국어 시리즈」
「주니어 신HSK붐붐 1, 2, 3, 4권」
「어린이 IYCT붐붐2급」
「국민대표중국어첫걸음」
「뽀뽀와 구루몽의 신나는 중국어 시리즈」 공저

» 콘텐츠 개발
호락호락오감중국어
한자랑중국어랑 놀자
문정이중국어 '리듬'기획

자동암기 신비한자 8급

지은이 김인숙
펴낸이 정규도
펴낸 곳 (주)다락원

초판 1쇄 발행 2019년 4월 10일
초판 6쇄 발행 2024년 4월 25일

편집 이후춘, 한채윤, 윤성미

디자인 정현석, 박정현, 이승현
일러스트 김은미

✿다락원 경기도 파주시 문발로 211
내용 및 구입문의 : (02)736-2031 내선 290~296
팩스 : (02)732-2037 내선 250~252
출판등록 1977년 9월 16일 제406-2008-000007호

ISBN 978-89-277-7112-8 13720

차례

이 책의 구성

QR코드를 찍으면 더욱 생생한 음성으로 이야기를 들을 수 있어요.

재미있는 이야기로 오늘 배울 한자를 미리미리 알아봐요.

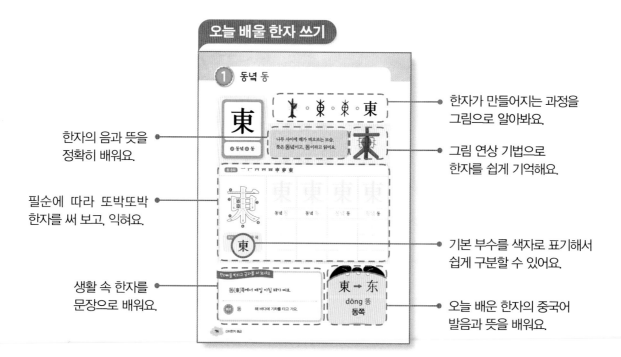

한자의 음과 뜻을 정확히 배워요.

필순에 따라 또박또박 한자를 써 보고, 익혀요.

생활 속 한자를 문장으로 배워요.

한자가 만들어지는 과정을 그림으로 알아봐요.

그림 연상 기법으로 한자를 쉽게 기억해요.

기본 부수를 색자로 표기해서 쉽게 구분할 수 있어요.

오늘 배운 한자의 중국어 발음과 뜻을 배워요.

쿵쿵따 리듬한자

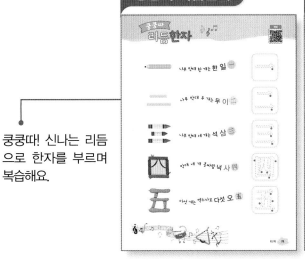

쿵쿵따! 신나는 리듬
으로 한자를 부르며
복습해요.

신나는 한자놀이

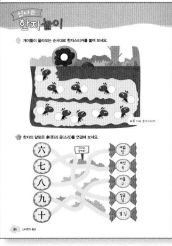

다양한 놀이 학습으로
문제를 풀다보면 한자가
머리에 쏙쏙!

재미있는 한자이야기

생활에서 쓰이는
한자어와 고사성어를
이야기로 배워요.

한자카드

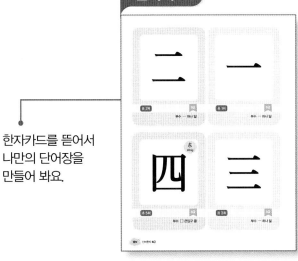

한자카드를 뜯어서
나만의 단어장을
만들어 봐요.

실전 예상문제

배운 한자를 실제 시험
유형으로 풀어보면서
시험에 대비해요.
– HNK 예상문제
– 대한검정회 예상문제

한자를 배우면 무엇이 좋을까요?

1 우리말 단어의 70%가 한자어로 되어있어.

2 한자를 알면 우리말 이해가 쉬워져.

3 낱말의 뜻 이해가 빨라져서 수학, 과학공부를 잘 할 수 있지!

4 한자를 알면 동양권 문화도 알게 되고, 제2외국어 학습에 도움이 돼!

5 한자로 기록된 전통문화를 잘 이해할 수있어.

6 연상학습이 되니 머리가 똑똑해져.

한자는 어떻게 만들어 졌을까요?

상형문자

사물의 모양을 본떠 만든 글자

아주 옛날 사람들이 사물을 그림으로 그려 문자로 사용하면서 상형문자가 만들어졌대.

달 나무 해

중국에 '창힐'이라는 사람이 동물들이 남긴 발자국을 보고 문자를 만들었다는 이야기도 있어.

지사문자

회의문자

나무木와 나무木가 만나면 울창한 숲林이래.

수풀 림

형성문자

입(뜻)과 문(음)을 합하여 '물어보다'라는 뜻이 된 글자.

물을 문

점과 선을 이용해서 다양한 문자를 표현하자!

이미 만든 글자를 합체!

소리와 뜻을 사이 좋게 나눠서 합체!

木 + 木 = 林

口 + 門 = 問

그 밖에 전주문자와 가차문자는 다음 책에서 공부해요~

한자는 어떻게 공부해요?

1 한자의 3요소

한자는 각 글자마다 모양, 뜻, 읽는 방법의 소리가 있어요.

모양(形)	한자가 가지고 있는 자체 글자 모양
뜻(義)	한자가 가지고 있는 뜻
소리(音)	한자마다 구별할 수 있는 한자를 읽는 소리

예 모양 : 天 ┃ 뜻 : 하늘 ┃ 소리 : 천

2 획의 모양과 명칭

한자를 배우기 전에 기본 획의 모양을 따라 써 보세요.

가로획	세로획	좌로 삐침	점	우로 삐침	위로 삐침
一	丨	丿	丶	㇏	㇀

한자를 바르고 예쁘게 쓰려면요?

필순(획순) : 한자를 쓰는 순서를 배워봐요.

필순 쓰기 1단계

① 위에서부터 아래로 쓴다.
예) 三 言

② 왼쪽부터 오른쪽으로 쓴다.
예) 川 州

③ 가로와 세로가 겹칠 때는 가로를 먼저 쓰고 세로를 쓴다.
예) 十 井

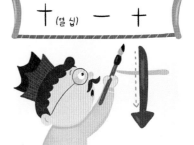

필순 쓰기 2단계

④ 좌우 대칭인 글자는 가운데를 먼저 쓴다.
예) 小 水

⑤ 바깥쪽과 안쪽이 있을 때는 바깥쪽을 먼저 쓴다.
예) 日 月

⑥ 좌로 삐침(丿)과 우로 삐침(乀)이 함께 올 때는 좌로 삐침(丿)을 먼저 쓴다.
예) 人 父

필순 쓰기 3단계

⑦ 좌로 꿰뚫는 가로획은 나중에 쓴다.
예) 女 母

⑧ 위에서 아래로 꿰뚫는 획은 나중에 쓴다.
예) 中

부수가 뭐예요?

1 모르는 한자를 찾을 때 부수를 알면 한자를 쉽게 찾을 수 있어요.

2 한글을 배울 때 자음(ㄱ, ㄴ, ㄷ), 모음(ㅏ, ㅑ, ㅓ, ㅕ) 영어를 배울 때 (A,B,C)를 먼저 배우듯이 한자를 배울 때는 부수를 알면 한자를 쉽게 익힐 수 있어요.

3 부수는 214개로 분류되어 지금까지 사용되고 있어요.

기본부수

한 일 一	뚫을 곤 丨	점 주 丶	삐침 별 丿	파임 불 乀	새 을 乙
一					

갈고리 궐 亅	머리 두 亠	걷는 사람 인 儿	덮을 멱 冖	입 벌릴 감 凵
亅				

부수 노래

한 일 뚫을 곤 점-----주 삐침 별 파 임 불

새 을 갈고리 궐 머 리 두 걷 는 사 람 인!

한 일 뚫을 곤 점-----주 삐침 별 파 임 불

새 을 갈고리 궐 머 리 두 덮을 멱 입 벌릴 감

1단계

토끼

거북아! 안녕! 우리 달리기 시합
할래? **일**一번, **이**二번, **삼**三번
나무계단을 지나, 깃발이 있는
곳까지 먼저 도착하면 이기는 거야.

출발

우리 달리기
시합할래?

그래.

그림 속의 숨은 한자 찾기

一	二	三	四	五
한 일	두 이	석 삼	넉 사	다섯 오
☐	☐	☐	☐	☐

토끼 거북이는 느리니까, **사四**거리
나무 밑에서 잠시 쉬었다가 가야지!

거북이 마지막 **다섯五**번째 깃발에 도착했다!
야호! 내가 **일一**등이다.

일—등이다.

QR코드로 더 생생하게

도착

1 한/하나 일

훈 한/하나 음 일

나무막대 1개를 놓아둔 모습.
뜻은 **하나**이고, **일**이라고 읽어요.

총 1획 一

한/하나 일   한/하나 일   한/하나 일   한/하나 일

부수 1획 一 하나 일
一

한자어를 익히고 글자를 써 보세요

운동회에서 달리기 일(一)등을 했어요.

퀴즈 저는 초등학교 1 □ 학년 입니다.

yī 이
일, 하나

2 두 이

二

훈 두 음 이

나무막대 2개를 놓아둔 모습.
뜻은 **둘**이고, **이**라고 읽어요.

총 2획 二 二

❶

❷

부수 2획 二 두 이
二

두이	두이	두이	두이

한자어를 익히고 글자를 써 보세요

오늘은 이(二)일 이에요.

퀴즈 우리 형은 2   학년 입니다.

3 석/셋 삼

훈 석/셋 **음** 삼

나무막대 3개를 놓아둔 모습.
뜻은 **셋**이고, **삼**이라고 읽어요.

총 3획 二 二 三

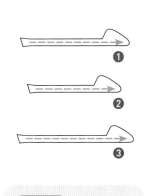

❶
❷
❸

부수 1획 一 하나 일

三

석/셋 삼	석/셋 삼	석/셋 삼	석/셋 삼

한자어를 익히고 글자를 써 보세요

삼(三)각형을 그려요.

퀴즈 우리집은 아파트 **삼** 층 이에요.

중국어 표현

三
sān 싼
삼, 셋

四

훈 넉/넷 음 사

동물의 코에서 숨이 나오는 모습.
뜻은 **넷**이고, **사**라고 읽어요.

총 5획 ㅣ 冂 冂 四 四

부수 3획 □ 큰입구 몸

四

四	四	四	四
넉/넷 사	넉/넷 사	넉/넷 사	넉/넷 사

한자어를 익히고 글자를 써 보세요

사(四)거리에 병원이 있어요.

퀴즈 사 촌 언니네 놀러가요.

중국어 표현

四
sì 쓰
사, 넷

5 다섯 오

五

훈 **다섯** 음 **오**

두 개의 막대기를 엇갈리게 놓은 모습.
뜻은 **다섯**이고, **오**라고 읽어요.

총 4획 五 丆 五 五

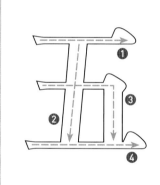

부수 2획 二 두 이

五

五	五	五	五
다섯 오	다섯 오	다섯 오	다섯 오

한자어를 익히고 글자를 써 보세요

오(五)월 오(五)일은 어린이 날이에요.

 오 □□ 백원으로 무엇을 살까요?

중국어 표현

五
wǔ 우
오, 다섯

쿵쿵따 리듬한자

나무 막대 한 개는 **한 일 一**

나무 막대 두 개는 **두 이 二**

나무 막대 세 개는 **석 삼 三**

 막대 네 개 콧바람 **넉 사 四**

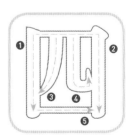

 다섯 개는 엑스자로 **다섯 오 五**

신나는 한자놀이

1 동물의 번호를 보고 몇 등을 했는지 한자로 써 보세요.

2 애벌레가 사과를 먹은 순서대로 한자스티커를 붙여 보세요.

한 일

다섯 오

두 이

넉 사

석 삼

부록 141p 숫자스티커

고사성어

三三五五 삼삼오오

三 석 **삼**   五 다섯 **오**

몇 사람이 무리를 지어 다니거나,
여럿이 모여 무엇인가를 하는 모습을 뜻해요.

**2단계**

헨젤　이 층 창문에 달콤한 초콜릿 **여섯六**개가 달려 있어.

그레텔　대문 옆에는 딸기 크림이 **여덟八**개나 있네.

우와!
맛있는 과자집이야.

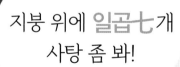지붕 위에 일곱七개 사탕 좀 봐!

그림 속의 숨은 한자 찾기

六	七	八	九	十
여섯 륙(육)	일곱 칠	여덟 팔	아홉 구	열 십
☐	☐	☐	☐	☐

헨젤 오른쪽 창문에는 별사탕 아홉九개가 있어.

그레텔 지붕에 있는 컵 케익 열十개는 정말 맛있겠다.

① 여섯 륙(육)

훈 여섯 음 륙(육)

지붕아래 양쪽 기둥의 모습.
뜻은 **여섯**이고, **육**이라고 읽어요.

총 4획 六 六 六 六

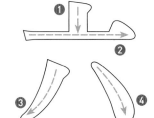

六	六	六	六
여섯 륙(육)	여섯 륙(육)	여섯 륙(육)	여섯 륙(육)

부수 2획 八 여덟 팔
六

한자어를 익히고 글자를 써 보세요

우리 가족은 여섯(六)명입니다.

퀴즈 육 [ ] 번 버스를 타고 공원에 가요.

중국어 표현

六
liù 리우
육, 여섯

2 일곱 칠

훈 일곱 음 칠

물건을 칼로 자르는 모습으로 (十)열 십
과 구별하기 위해 끝을 구부린 모습.
뜻은 **일곱**이고, **칠**이라고 읽어요.

총 2획 一 七

일곱 칠　일곱 칠　일곱 칠　일곱 칠

부수 1획 一 하나 일
七

한자어를 익히고 글자를 써 보세요

일곱(七)색깔 무지개를 그려요.

퀴즈 일주일은 **칠** 　 일 입니다.

중국어 표현

七
qī 치
칠, 일곱

八

(훈) 여덟 (음) 팔

물건을 반으로 자른 모습.
뜻은 **여덟**이고, **팔**이라고 읽어요.

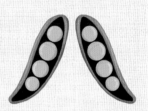

총 2획 八 八

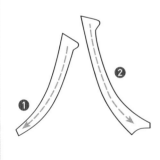

부수 2획 八 여덟 팔
八

여덟 팔	여덟 팔	여덟 팔	여덟 팔

한자어를 익히고 글자를 써 보세요

팔(八)월은 여름방학입니다.

 (퀴즈) 문어의 다리는 **여덟**　　개 입니다.

중국어 표현

八
bā 빠
팔, 여덟

4 아홉 구

훈 아홉 **음** 구

팔을 구부린 모습.
뜻은 **아홉**이고, **구**라고 읽어요.

총 2획 丿 九

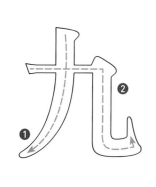

九	九	九	九
아홉 구	아홉 구	아홉 구	아홉 구

부수 1획 乙 새 을

九

 한자어를 익히고 글자를 써 보세요

구(九)구(九)단을 외워요.

퀴즈 엘리베이터가 고장나서 **구** 　 층까지
걸어서 올라가요.

九
jiǔ 지우
구, 아홉

훈 **열** 음 **십**

열 개 마다 줄을 묶어 표시하던 모습.
뜻은 **열**이고, **십**이라고 읽어요.

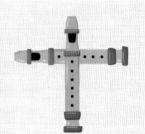

총 2획 一 十

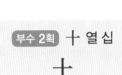

十	十	十	十
열 십	열 십	열 십	열 십

부수 2획 十 열 십

十

한자어를 익히고 글자를 써 보세요

아이스크림 **열**(十)개를 샀어요.

퀴즈 **십**   분 동안 줄을 서서 기다렸어요.

중국어 표현

十

shí 스
십, 열

 지붕아래 양쪽 기둥 **여섯 륙(육) 六**

 글자 끝을 구부려서 **일곱 칠 七**

 반 씩 반 씩 나눠 나눠 **여덟 팔 八**

 주먹 쥐고 구부려서 **아홉 구 九**

 열 개 마다 줄을 묶어 **열 십 十**

신나는 한자놀이

1 개미들이 올라오는 순서대로 한자스티커를 붙여 보세요.

부록 141p 숫자스티커

2 한자의 알맞은 훈(뜻)과 음(소리)를 연결해 보세요.

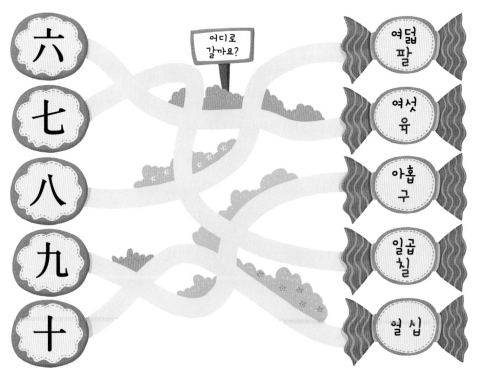

고사성어

十中八九 십중팔구

十 열 십   中 가운데 중   八 여덟 팔   九 아홉 구

물고기가 많으니까
十中八九 잡힐꺼야!

'열 가운데 여덟이나 아홉' 거의 예외 없이
그러할 것이라는 추측을 의미해요.

어항 속 물고기가 몇 마리인지
한자로 써 보세요.

3단계

옛날 옛날 산山에서 나무를 하던 아우가
날日이 저물고 달月이 뜨자, 산山 속에
낡은 집을 찾아가 쉬고 있었어요.
그런데, 그때 도깨비들이 나타났어요.

대들보 위上로
숨자!

얼쑤! 얼쑤!
금 나와라 뚝딱!

그림 속의 숨은 한자 찾기

日	月	山	上	下
날 일	달 월	메 산	윗 상	아래 하
☐	☐	☐	☐	☐

깜짝 놀란 도깨비들은 방망이를 내팽개치고
도망쳤어요. 착한 아우는 도깨비들이 남기고
간 금은보화를 가지고 **산山**에서 **내려와下**
마을에서 가장 큰 부자가 되었답니다.

딱!!

위上에서 지붕이
무너지는 소리가 난다.
모두 도망쳐!

1 날 일

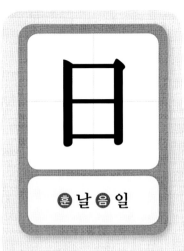

훈 **날** 음 **일**

해의 모양을 나타낸 모습.
뜻은 **날**이고, **일**이라고 읽어요.

총 4획 ㅣ 冂 日 日

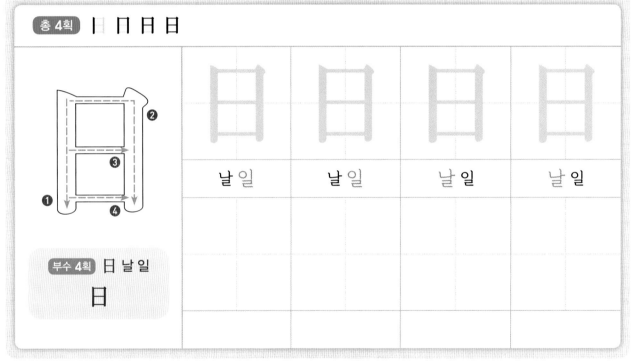

부수 4획 日 날 일

日

날 일   날 일   날 일   날 일

내일은 일(日)요일 입니다.

퀴즈 일 ☐ 요일은 내 생일 ☐ 입니다.

중국어 표현

日
rì 르
해, 태양

2 달 월

月

훈 달 **음** 월

초승달 모양을 나타낸 모습.
뜻은 **달**이고, **월**이라고 읽어요.

총 4획 丿 丿 月 月

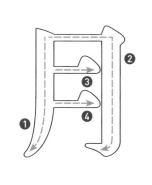

부수 4획 月 달 월
月

달 월	달 월	달 월	달 월

9월(月) 6일은 내 생일입니다.

퀴즈 월 ___ 요일에 여행을 갑니다.

중국어 표현

月
yuè 위에
달

3 메 산

훈 메 음 산

산봉우리 3개가 모여 있는 모양을 나타낸 모습. 뜻은 **메**(산의 옛 이름)이고, **산**이라고 읽어요.

총 3획 ㅣ ㅛ 山

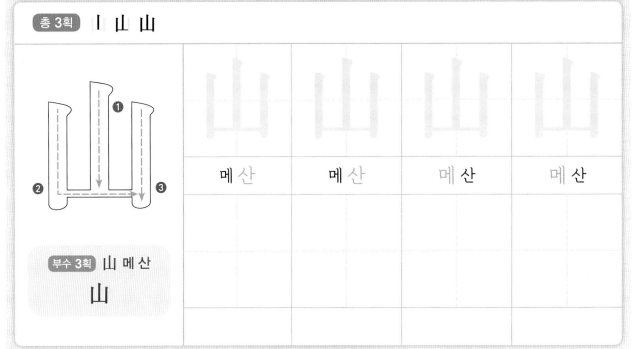

부수 3획 山 메 산

山

메 산   메 산   메 산   메 산

한자어를 익히고 글자를 써 보세요

산(山)에서 귀여운 토끼를 보았어요.

 퀴즈 아빠와 함께 등산　　　을 가요.

중국어 표현

山
shān 샨
산

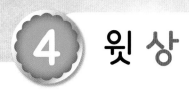

4 윗 상

上

훈 윗 음 상

二 ⇨ 二 ⇨ 上 ⇨ 上

기준선보다 위쪽을 나타내는 뜻으로,
뜻은 **위(윗)**이고, **상**이라고 읽어요.

총 3획 丨 卜 上

上	上	上	上
윗 상	윗 상	윗 상	윗 상

부수 1획 一 하나 일
上

한자어를 익히고 글자를 써 보세요

아빠와 나는 정상(上)까지 올라갔어요.

 퀴즈 지상 에서 산 꼭대기까지 2시간 걸렸어요.

중국어 표현

上
shàng 샹
위

훈 **아래** 음 **하**

기준선보다 아래쪽을 나타내는 뜻으로,
뜻은 **아래**이고, **하**라고 읽어요.

총 3획 下 丅 下

下 下 下 下

아래 하   아래 하   아래 하   아래 하

부수 1획 一 하나 일

下

한자어를 익히고 글자를 써 보세요

학교 앞 지하(下)1층에 서점이 있어요.

퀴즈 동전이 하   수구 속으로 떨어졌어요.

중국어 표현

下

xià 씨아
아래

둥근 해가 뜨고 지고 **날 일** 日

밤 하늘에 초승달 **달 월** 月

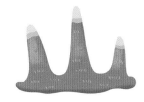

산봉우리 세 개 모여 **메 산** 山

선 위로 올라오면 **윗 상** 上

선 아래로 내려가면 **아래 하** 下

1 다음 그림에 알맞은 한자스티커를 붙여 보세요.

부록 141p 숫자스티커

2 한자에 알맞은 그림이나 훈(뜻), 음(소리)를 찾아 ○표시를 하세요.

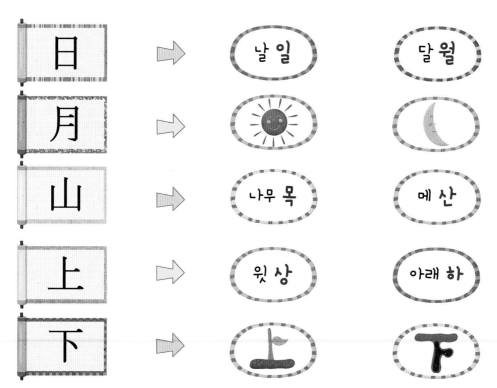

한자어

上下
상하

上 윗 **상**　下 아래 **하**

위와 아래를 뜻해요.

한자어

下山
하산

下 아래 **하**　山 메 **산**

산에서 내려가요.

나무꾼은 땅의 **흙土**이 꽁꽁 어는 추운 겨울이 오기 전에 **불火**을 피울 땔감을 구하려고 산에 왔어요.

이 도끼가 네 것이냐?

아닙니다.

산신령 : **나무木**를 베다 도끼를 **물水** 속에 빠트렸구나! 이 **금金**도끼가 네 것이냐?

나무꾼 : **물水** 속에 빠트린 제 도끼는 **금金**도끼가 아닙니다.

그림 속의 숨은 한자 찾기

火	水	木	金	土
불 화	물 수	나무 목	쇠 금	흙 도
☐	☐	☐	☐	☐

정직하고 착한 너에게 금金도끼,
은도끼를 모두 주겠노라!

산신령

① 불 화

훈 불 음 화

활활 타오르는 불의 모양.
뜻은 **불**이고, **화**라고 읽어요.

총 4획 火 火 火 火

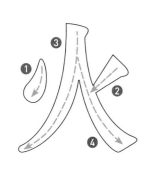

불화	불화	불화	불화

부수 4획 火 불 화

火

 한자어를 익히고 글자를 써 보세요

화(火)요일에 산(山)에 가요.

퀴즈 화 ☐ 산이 폭발해요.

중국어 표현

火

huǒ 후어

불

 **물 수**

훈 물 **음** 수

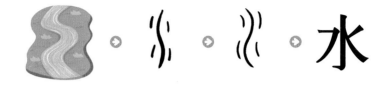

물이 가운데서 양쪽으로 흘러가는 모습.
뜻은 **물**이고, **수**라고 읽어요.

총 4획 丨 기 기 水

부수 4획 水 물 수

水

물 수	물 수	물 수	물 수

한자어를 익히고 글자를 써 보세요

수(水)요일에 수영장에 가요.

 친구들과 수　　영을 배워요.

중국어 표현

水
shuǐ 쉐이
물

3 나무 목

훈 나무 음 목

나무가 뻗어 자라나는 모습.
뜻은 **나무**이고, **목**이라고 읽어요.

총 4획 一 十 才 木

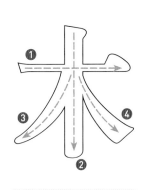

부수 4획 木 나무 목

木

木	木	木	木
나무 목	나무 목	나무 목	나무 목

 한자어를 익히고 글자를 써 보세요

목(木)요일 수목원에 가요.

퀴즈 수목 ___ 원에는 나무가 많아요.

중국어 표현

木
mù 무
나무

4 쇠 금

산 속에서 나온 금이나 쇳덩이 모습.
뜻은 **쇠**이고, **금**이라고 읽어요.

훈 쇠/성 음 금/김

총 8획 ノ 人 全 全 全 金 金 金

부수 8획 金 쇠금

金

金	金	金	金
쇠 금	쇠 금	쇠 금	쇠 금

한자어를 익히고 글자를 써 보세요

금(金)요일은 김(金)시영 생일입니다.

 황금   딱지를 선물해요.

중국어 표현

金

jīn 찐

금, 금속

5 흙 토

훈 흙 음 토

흙 속에서 새싹이 돋아나온 모습.
뜻은 **흙**이고, **토**라고 읽어요.

총 3획   一 十 土

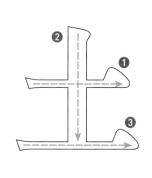

土	土	土	土
흙 토	흙 토	흙 토	흙 토

부수 3획 土 흙 토
土

한자어를 익히고 글자를 써 보세요

야호! 오늘은 토(土)요일이다!

퀴즈 독도는 대한민국 국**土**   입니다.

중국어 표현

土
tǔ 투
흙

불이 활활 타올라 불 **화** 火

물이 흘러 흘러가 물 **수** 水

나뭇가지 뻗어 나가 **나무 목** 木

금나와라 뚝딱 뚝딱 **쇠 금** 金

흙 위에 싹이 나와 **흙 토** 土

① 다음 카드의 한자들 모고 알맞은 훈(뜻) · 음(소리) 스티커를 붙여 보세요.

② 한자스티커를 붙여, 맛있는 딸기 잼을 요일 별로 완성해 주세요.

맛있는 딸기 잼을
요일 별로 완성해 볼까요?
부록 141쪽 잼스티커

달 월   불 화

물 수   나무 목

쇠 금/성 김   흙 토   날 일

한자어

火山
화산

火 불 **화**   山 메 **산**

불을 뿜는 산으로 땅속의 마그마가
분출하여 만들어진 산을 의미해요.

한자어

山水
산수

山 메 **산**   水 물 **수**

산과 물이라는 뜻으로 자연의 풍경과
경치를 이르는 말이에요.

5단계

옛날에 흥부와 놀부 **형제兄弟**가 살았어요. **부모父母**님이 돌아가시자 놀부 **형兄**은 **아우弟**인 흥부 가족을 내쫓았어요.

당장 나가!

어느 날 마음씨 착한 **아우弟** 흥부는 다리가 부러진 제비를 도와주었더니, 제비가 박씨를 물고 왔어요.

그림 속의 숨은 한자 찾기

父	母	兄	弟	人
아비 부	어미 모	형 형	아우 제	사람 인
☐	☐	☐	☐	☐

박을 열자 금은보화가 쏟아져 나왔어요.
제비가 다리를 고쳐준 **사람人**에게 은혜를
갚은 것이었어요. 흥부네 가족은 **부모형제**
父母兄弟 모두 행복하게 살았답니다.

옛날 한 손으로 돌도끼를 잡고 일을
하거나 회초리를 잡고 있는 모습.
뜻은 **아버지**이고, **부**라고 읽어요.

훈 **아비** 음 **부**

총 4획 父父父父

父	父	父	父
아비 부	아비 부	아비 부	아비 부

부수 4획 父 아비 부
父

 한자어를 익히고 글자를 써 보세요

부(父)모님과 함께 한자공부를 해요.

퀴즈 부 ☐ 모님께 효도하는 어린이가 되겠습니다.

중국어 표현

父
fù 푸
아버지

어미 모

훈 어미 **음** 모

어머니가 아기에게 젖을 먹이는 모습.
뜻은 **어머니**이고, **모**라고 읽어요.

총 5획 ㄴ ㄅ ㅁ 母 母

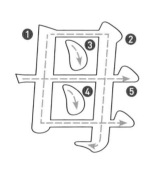

母	母	母	母
어미 모	어미 모	어미 모	어미 모

부수 4획 母 말 무

母

동생은 모(母)유를 먹고 자라서 튼튼해요.

퀴즈 이모 _____ 가 엄마의 생일선물을 사 오셨어요.

중국어 표현

母
mǔ 모
어머니

훈 형 음 형

조상의 제사를 지낼 때
말과 행동을 먼저 하는 모습.
뜻은 **형**이고, **형**이라 읽어요.

총 5획 ㅣ ㄇ ㅁ ㅁ 兄

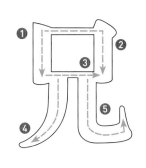

부수 2획 儿 걸을 사람 인
兄

兄	兄	兄	兄
형 형	형 형	형 형	형 형

한자어를 익히고 글자를 써 보세요

엄마가 우리 형(兄)제에게 똑 같은 옷을
사 주셨어요.

퀴즈 형 ____ 이 동생에게 동화책을 읽어줍니다.

兄
xiōng 씨옹
형

4 아우 제

弟

훈 아우 음 제

동생이 끈을 위에서 아래로
감아 내려가는 모습.
뜻은 **아우**이고, **제**라고 읽어요.

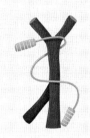

총 7획 丶 丷 丷 肖 肖 弟 弟

| 아우 제 | 아우 제 | 아우 제 | 아우 제 |

부수 3획 弓 활 궁

弟

한자어를 익히고 글자를 써 보세요

형이 아우(弟)에게 아기돼지삼형제(弟)를
읽어 주었어요.

퀴즈 형제   모두 태권도를 배워요.

중국어 표현

弟

dì 띠
남동생, 아우

人

훈 사람 음 인

사람이 서 있는 모습.
뜻은 **사람**이고, **인**이라 읽어요.

총 2획 ノ 人

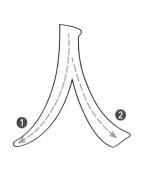

① ②				
	사람 인	사람 인	사람 인	사람 인

부수 2획 人 사람 인
人

한자어를 익히고 글자를 써 보세요

언니는 착하고 재미있어서 인(人)기가 많아요.

퀴즈 길을 걸을 때는 인 ___ 도로 걸어가요.

중국어 표현

人
rén 런
사람

손도끼로 일을 하는 아비 부 父

어린 아기 안고 있는 어미 모 母

바른 말 바른 행동 형 형 兄

나무에 끈을 감아 내려 아우 제 弟

두 다리로 서 있는 사람 인 人

1 다음 섭시에 있는 훈(뜻)과 음(소리)에 맞는 한자스티커를 붙여 보세요.

형 형   아우 제   아비 부   어미 모   사람 인   형제

부록 143p 한자스티커

2 다음 한자어와 그림이 연결 되도록 사다리를 타고 내려오세요.

父   母   兄   弟   父母   兄弟   4人

한자어

父母
부모

父 아비 **부**
母 어미 **모**

> 부모님,
> 사랑해요.

아버지와 어머니를 아울러 이르는 말로
높임말로는 '부모님'이라고 말해요.

한자어

兄弟
형제

兄 형 **형**
弟 아우 **제**

'형제'는 형과 아우를 아울러 이를 때에도 쓰이고,
형제와 자매, 남매를 통틀어 나타낼 때에도 써요.

왕王비는 마녀女로 변장을 하고 독이 든 사과를 들고 백설공주를 찾아갔어요.

여기 **왕王**들이 즐겨 먹는 맛있는 사과가 있어요.

백설공주는 마녀女가 준 사과를 한 입口 베어 먹고 쓰러졌어요.

그림 속의 숨은 한자 찾기

男	女	王	子	口
사내 남	여자 녀(여)	임금 왕	아들 자	입 구
☐	☐	☐	☐	☐

말을 타고 지나가던 한
남男자가 다가와 유리관에
누워있는 백설공주를 일으켜
세웠어요. 그 **남男**자는 바로
이웃 나라 **왕자王子**였어요.

왕자王子님이
공주님을 살려
내셨다.

그렇게 백설공주와 **왕자王子**는
결혼을 해서 행복하게 살았답니다.

1 사내 남

男

훈 사내 음 남

밭(田)에서 농기구를 가지고 힘(力)을 쓰며 일하는 사람을 나타낸 모습. 뜻은 **사내(남자)**이고, **남**이라고 읽어요.

총 7획 | 冂 闩 田 田 田 男 男

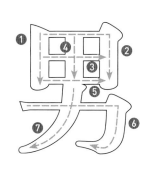

男	男	男	男
사내 남	사내 남	사내 남	사내 남

부수 5획 田 밭 전
男

 한자어를 익히고 글자를 써 보세요

나는 우리 집 장남(男)이고 여동생이 막내예요.

퀴즈 우리 반은 **남** ☐ ☐ 자 친구가 12명이에요.

2 여자 녀(여)

女

훈 여자 음 녀(여)

두 손 모아 다소곳이 앉아 있는 여자(女子)의 모습. 뜻은 **여자**이고, **여**라고 읽어요.

총 3획 ㄑ 女 女

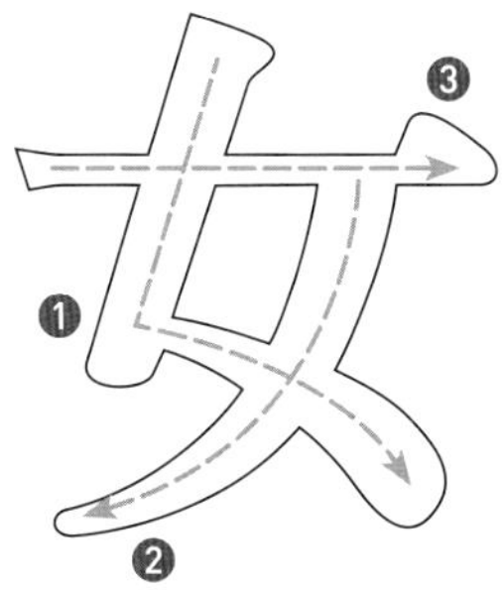

부수 3획 女 여자 녀(여)

女

女	女	女	女
여자 녀(여)	여자 녀(여)	여자 녀(여)	여자 녀(여)

한자어를 익히고 글자를 써 보세요

군인과 경찰은 남녀(女) 모두 할 수 있어요.

퀴즈 우리 반은 여 학생이 1명 더 많아요.

중국어 표현

女

nǚ 뉘

여자

3 임금 왕

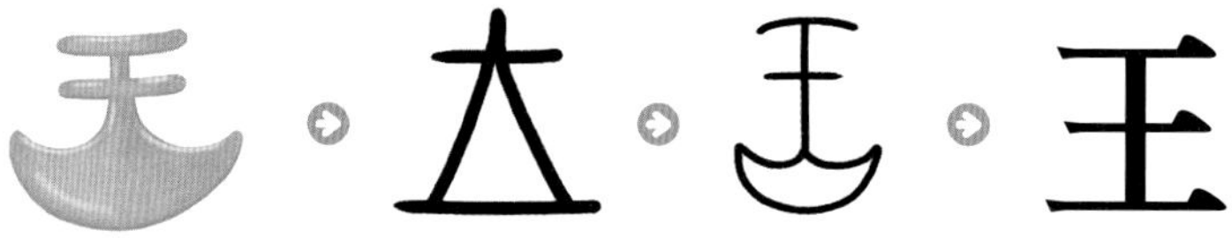

王

(훈) 임금 (음) 왕

 ➡ �△ ➡ 王 ➡ 王

임금을 상징하던 도끼를 나타낸 모습.
뜻은 **임금**이고, **왕**이라고 읽어요.

총 4획 王 王 王 王

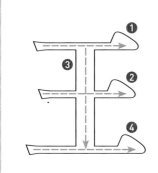

王	王	王	王
임금 왕	임금 왕	임금 왕	임금 왕

부수 4획 王 구슬옥변

王

한자어를 익히고 글자를 써 보세요

세종대왕(王)이 한글을 만드셨어요.

(퀴즈) 사자는 동물들의 **왕**　　　이라고 합니다.

중국어 표현

王

wáng 왕
왕, 임금

4 아들 자

子

훈 아들 음 자

포대기 안에 쌓여져 있는 아기 모습.
뜻은 **아들**이고, **자**라고 읽어요.

총 3획 子 了 子

子	子	子	子
아들 자	아들 자	아들 자	아들 자

부수 3획 子 아들 자

子

 한자어를 익히고 글자를 써 보세요

오늘은 개구리왕자(王子) 연극을 보러 왔어요.

퀴즈 발표회 때 준비한 남**자**　　와 여**자**　　의 옷이 달라요.

중국어 표현

子
zǐ 즈
아들

5 입 구

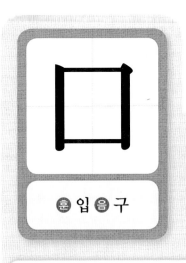

(훈) 입 (음) 구

입의 모양을 나타낸 모습.
뜻은 **입**이고, **구**라고 읽어요.

총 3획 　丨 冂 口

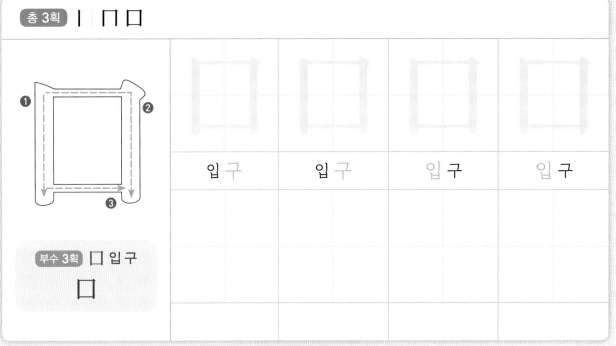

입구　　입구　　입구　　입구

부수 3획 　口 입구
口

한자어를 익히고 글자를 써 보세요

중국은 인구(口)가 정말 많습니다.

(퀴즈) 우리집은 네 식구 　　 입니다.

중국어 표현

口
kǒu 커우
입

밭에서 일하는 사내 **남** 男

두 손 모아 앉아 있는 **여자** 녀 女

임금님의 특별한 도끼 **임금** 왕 王

이불 속에 쌓여 있는 **아들** 자 子

입을 크게 벌린 모양 **입** 구 口

1 한자에 알맞은 그림을 연결한 후, 훈(뜻)과 음(소리) 스티커를 붙여 보세요.

부록 143p 스티커

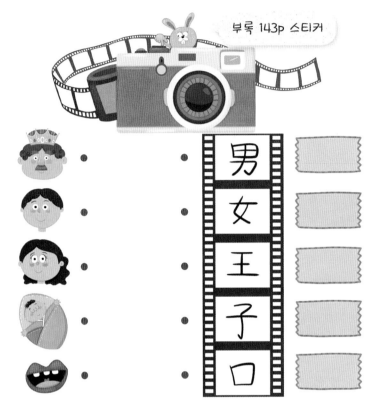

2 퍼즐 속에 알고 있는 한자어를 찾아 묶어 보세요.

힌트

남자	여자
왕자	여왕
부녀	부자
모녀	모자
부모	인구
여인	남녀
형제	제자

한자어

父子
부자

父 아비 **부**   子 아들 **자**

아버지와 아들을 뜻해요.

母子
모자

母 어미 **모**   子 아들 **자**

어머니와 아들을 뜻해요.

人口
인구

人 사람 **인**   口 입 **구**

일정한 지역에 사는
사람의 수를 뜻해요.

7단계

북

서

둘째 나는 북北쪽에서 무늬가 예쁜 나무로 집을 지을 거야!

셋째 나는 서西쪽에서 튼튼한 벽돌로 집을 지을 거야!

남

첫째 나는 남南쪽에서 가벼운 지푸라기로 집을 지을 거야!

그림 속의 숨은 한자 찾기

東	西	南	北	門
동녘 동	서녘 서	남녘 남	북녘 북	문 문
☐	☐	☐	☐	☐

그러던 어느 날 **동東**쪽에 살고 있는 배고픈 늑대가 나타나 "후~"하고 세게 바람을 불어, 첫째와 둘째 돼지의 **문門**과 집을 모두 날려 버렸어요.

서西쪽의 셋째네 벽돌집은 튼튼하게 지어서 끄덕 없었답니다.

1 동녘 동

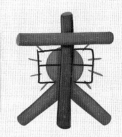

훈 동녘 음 동

나무 사이에 해가 떠오르는 모습.
뜻은 **동녘**이고, **동**이라고 읽어요.

총 8획 東 一 厂 戶 百 車 東 東

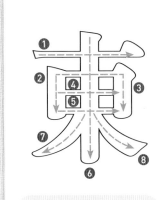

東	東	東	東
동녘 동	동녘 동	동녘 동	동녘 동

부수 4획 木 나무 목

東

 한자어를 익히고 글자를 써 보세요

동(東)쪽에서 매일 아침 해가 떠요.

퀴즈 동 ☐ 해 바다에 기차를 타고 가요.

중국어 표현
東 ➡ 东
dōng 똥
동쪽

훈 서녘 음 서

 西

해가 질 무렵 새가 둥지로 돌아와 앉아있는 모습. 뜻은 **서녘**이고, **서**라고 읽어요.

총 6획 西 西 西 西 西 西

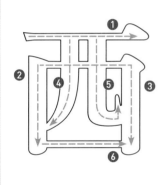

부수 6획 襾 덮을 아

西

西	西	西	西
서녘 서	서녘 서	서녘 서	서녘 서

 한자어를 익히고 글자를 써 보세요

서(西)해 바다 갯벌에서 조개를 주웠어요.

퀴즈 저녁이 되자, 해가 서 ☐ 쪽으로 지고 있어요.

중국어 표현

西
xī 시
서쪽

3 남녘 남

南

훈 남녘 음 남

남쪽에서 많이 사용하는
악기를 나타낸 모습.
뜻은 **남녘**이고, **남**이라고 읽어요.

총 9획 一 南 南 南 南 南 南 南 南

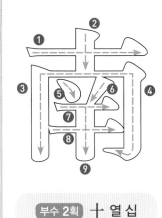

부수 2획 十 열 십

南

南	南	南	南
남녘 남	남녘 남	남녘 남	남녘 남

 한자어를 익히고 글자를 써 보세요

남(南)극에는 펭귄이 살고 있어요.

퀴즈 제주도는 우리나라 남 ☐ 쪽에 있는 섬이에요.

중국어 표현

南
nán 난
남쪽

북녘 북

훈 북녘 음 북

서로 등을 돌리고 있는 두 사람의 모습.
뜻은 **북녘**이고, **북**이라고 읽어요.

총 5획 ㅣ ㅓ ㅓ ㅓ 北

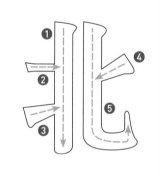

부수 2획 ヒ 비수 비
北

北	北	北	北
북녘 북	북녘 북	북녘 북	북녘 북

 한자어를 익히고 글자를 써 보세요

하늘에 북(北)두칠성 별을 찾아봐요.

퀴즈 북 [ ] 극곰은 겨울에도 잠을 안 자요.

北
běi 뻬이
북쪽

 **5** 문 문

훈 문 음 문

양 쪽 두개의 문을 나타낸 모습.
뜻은 **문**이고, **문**이라고 읽어요.

총 8획 ｜ ｜ ｆ ｆ ｆ 門 門 門 門

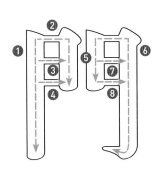

門	門	門	門
문 문	문 문	문 문	문 문

부수 8획 門 문 문

門

 한자어를 익히고 글자를 써 보세요

엄마는 문(門) 앞에 예쁜 꽃을 심었어요.

퀴즈 학교 정문 ☐ 으로 들어가요.

門 → 门
mén 먼
문

리듬한자

쿵쿵따

나무 사이 해가 뜨는 **동녘 동**

새 둥지로 돌아오는 **서녘 서**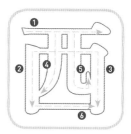

남쪽에서 쓰던 악기 **남녘 남**

두 사람이 등을 돌려 **북녘 북**

양쪽 문을 열어 열어 **문 문**

1. 다음 그림을 보고 나머지 조각 스티커를 붙여 한자를 완성하세요.

부록 143p 한자스티커

2. 아기돼지 삼형제가 각자 집으로 가는 길에 문(門)을 몇 번 통과하는지 한자로 써 보세요.

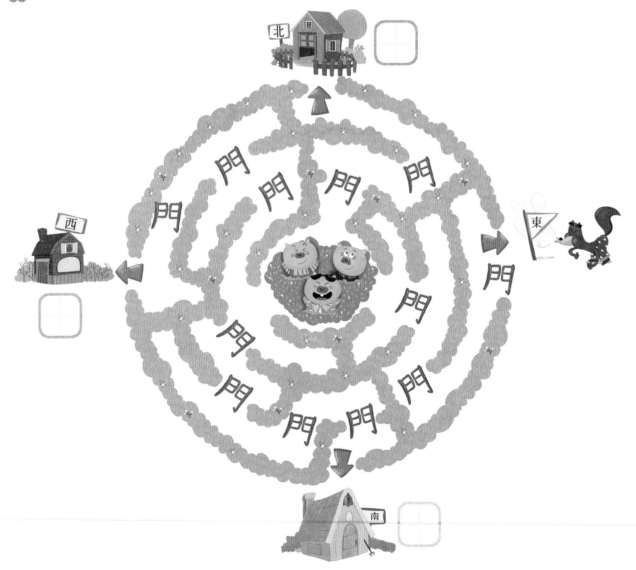

한자어

水門
수문

水 물 수   門 문 문

물을 모아 두려고 하천이나 골짜기를 막아 만든 저수지 등에
설치하여 물을 조절하여 내보내는 문을 뜻해요.

고사성어

東西南北
동서남북

東 동녘 동	西 서녘 서
南 남녘 남	北 북녘 북

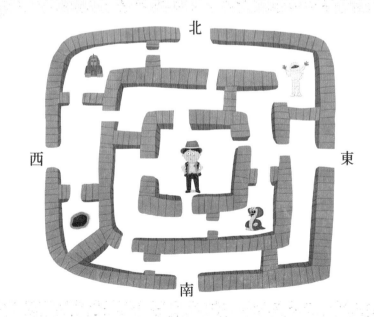

동쪽 · 서쪽 · 남쪽 · 북쪽이라는 뜻으로,
모든 방향을 이르는 말이에요.

주인님,
소원을 말해
보세요.

첫 번째 소원은
이 커다란大 동굴에서
나를 꺼내 줘!

알라딘이 양탄자 가운데中에 올라
타고 중中심을 잡자, 순식간에 날아
작은小 마을로 돌아왔어요.

그림 속의 숨은 한자 찾기

大	中	小	百	千
큰 대	가운데 중	작을 소	일백 백	일천 천
☐	☐	☐	☐	☐

알라딘

내 두 번째 소원은 백百명, 아니 천千명이
들어갈 수 있는 커다란大 궁전을 지어줘.
그리고 네가 자유로운 몸이 되었으면 좋겠어.

마법이 풀린 램프요정과 함께
알라딘과 공주는 백百년 천千년
오래오래 행복하게 살았답니다.

1 큰 대

훈 큰 음 대

두 팔과 두 다리를 벌리고 서 있는 모습.
뜻은 **크다**이고, **대**라고 읽어요.

총 3획 一 ナ 大

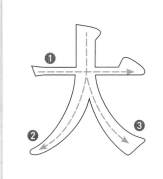

부수 3획 大 큰 대
大

큰 대	큰 대	큰 대	큰 대

 한자어를 익히고 글자를 써 보세요

그림 그리기 대(大)회에서 상을 받았어요.

퀴즈 할머니 집 대 ☐ 문은 아주 커요.

중국어 표현

大
dà 따
크다

2 가운데 중

中

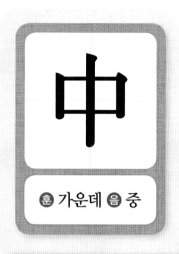

훈 가운데 음 중

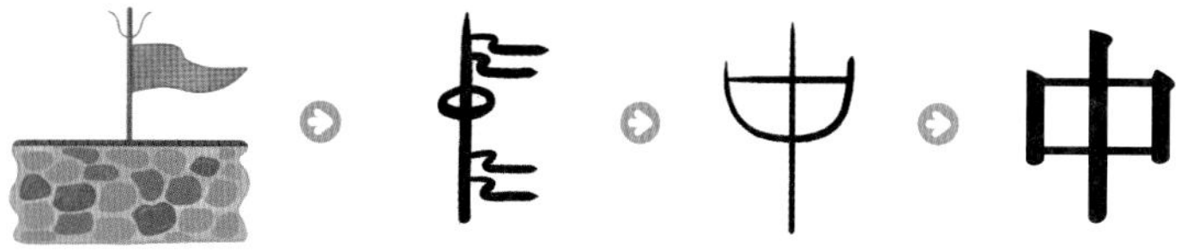

가운데를 뚫는 모습.
뜻은 **가운데**이고, **중**이라고 읽어요.

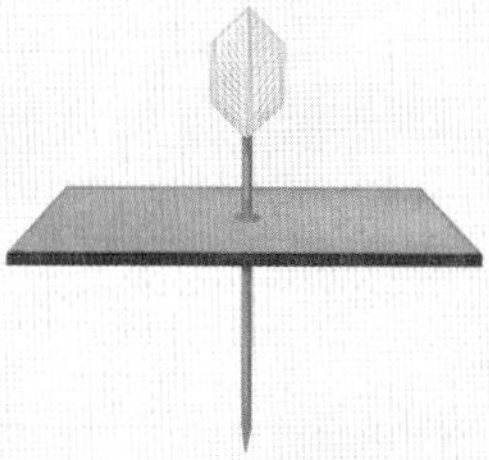

총 4획 丨 ㄇ 口 中

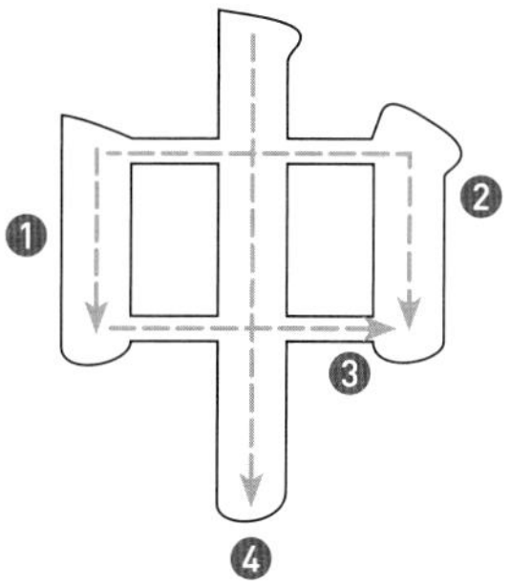

부수 1획 | 뚫을 곤

中

中	中	中	中
가운데 중	가운데 중	가운데 중	가운데 중

한자어를 익히고 글자를 써 보세요

공연 중(中)간에 휴식 시간이 있어요.

퀴즈 중 심을 잘 잡고 자전거를 타요.

중국어 표현

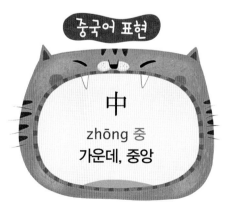

中
zhōng 중
가운데, 중앙

3 작을 소

훈 작을 **음** 소

작은 것이 흩어져 있는 모습.
뜻은 **작다**이고, **소**라고 읽어요.

총 3획 小 小 小

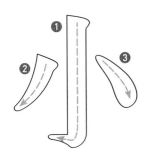

부수 3획 小 작을 소
小

小	小	小	小
작을 소	작을 소	작을 소	작을 소

 한자어를 익히고 글자를 써 보세요

내 동생은 나보다 손이 **작(小)**아요.

퀴즈 감기에 걸려 **소**　　　아과에 갔어요.

중국어 표현

小
xiǎo 샤오
작다

4 일백 백

훈 일백 음 백

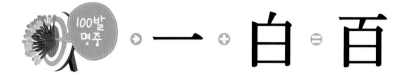

100발
명중 ➡ 一 ＋ 白 ＝ 百

99개에서 하나를 더 더한 숫자로
뜻은 **일백** 또는 **모두**이고,
백이라고 읽어요.

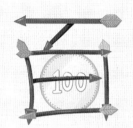

총 6획 ㄱ ㄱ ㄱ ㄱ 百 百

일백 백 | 일백 백 | 일백 백 | 일백 백

부수 5획 白 흰 백

百

한자어를 익히고 글자를 써 보세요

활을 백(百)번 쏘아 모두 명중했어요.

퀴즈 할아버지는 올 해 **백**　　　세입니다.

중국어 표현

百
bǎi 바이
일백, 100

5 일천 천

훈 일천 음 천

일천 천은 100의 열 배로
뜻은 **일천**이고, **천**이라고 읽어요.

총 3획 千 千 千

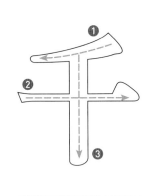

千	千	千	千
일천 천	일천 천	일천 천	일천 천

부수 2획 十 열십

千

한자어를 익히고 글자를 써 보세요

한자 천(千)자를 공부하려는 목표를 세웠어요.

퀴즈 어린이날 놀이동산에 **천**   명이 입장했어요.

중국어 표현

千

qiān 치엔
일천, 1000

두 팔 두 발 크게 벌려 **큰 대** 大

가운데를 뚫어 뚫어 **가운데 중** 中

작고 작은 알갱이들 **작을 소** 小

구십 구 다음 수는 **일백 백** 百

백 개가 열 번 모여 **일천 천** 千

① 다음 한자에 알맞은 훈(뜻)과 음(소리) 스티커를 붙여 보세요.

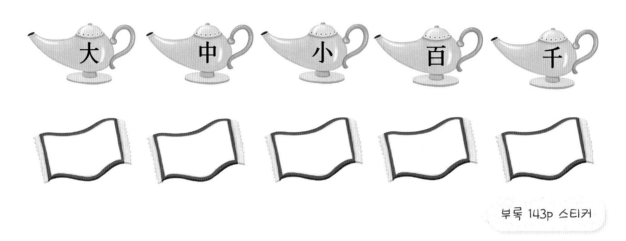

부록 143p 스티커

② 다음 뜻을 보고 빈칸에 알맞은 한자를 써 보세요.

한자어

大王

대왕

大 큰 **대** 　 王 임금 **왕**

뛰어나고 훌륭한 왕을 이르는 말로
왕(王)의 높임말이에요.

한자어

水中

수중

水 물 **수**
中 가운데 **중**

물속이라는 뜻이에요.

정답

p12~13

p14

저는 초등학교 1 一 학년 입니다.

p15

우리 형은 2 二 학년 입니다.

p16

우리집은 아파트 삼 三 층 이에요.

p17

사 四 촌 언니네 놀러가요.

p18

오 五 백원으로 무엇을 살까요?

p20

p22~23

p24 육 六 번 버스를 타고 공원에 가요.

p25 일주일은 칠 七 일 입니다.

p26 문어의 다리는 여덟 八 개 입니다.

p27 엘리베이터가 고장나서 구 九 층까지 걸어서 올라가요.

p28 십 十 분 동안 줄을 서서 기다렸어요.

p31 어항 속 물고기가 몇 마리인지 한자로 써 보세요. 六

p30

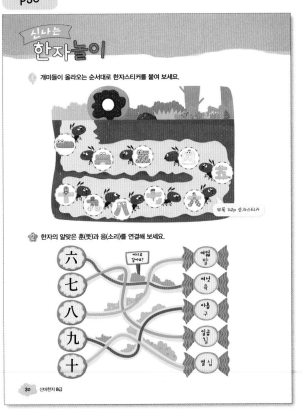

p32~33

p34

일 日 요일은 내 생일 日 입니다.

p35

월 月 요일에 여행을 갑니다.

p36

아빠와 함께 등산 山 을 가요.

p37

지상 上 에서 산 꼭대기까지 2시간 걸렸어요.

p38

동전이 하 下 수구 속으로 떨어졌어요.

p40

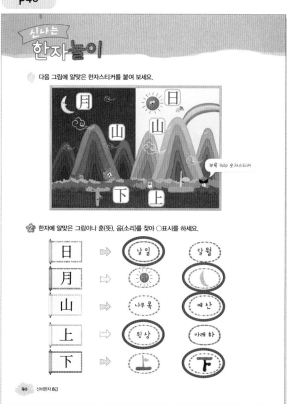

p42~43

p44

화 **火** 산이 폭발해요.

p45

친구들과 수 **水** 영을 배워요.

p46

수목 **木** 원에는 나무가 많아요.

p47

황금 **金** 딱지를 선물해요.

p48

독도는 대한민국 국토 **土** 입니다.

p50

p52~53

p54

부 父 모님께 효도하는 어린이가 되겠습니다.

p55

이모 母 가 엄마의 생일선물을 사 오셨어요.

p56

형 兄 이 동생에게 동화책을 읽어줍니다.

p57

형제 弟 모두 태권도를 배워요.

p58

길을 걸을 때는 인 人 도로 걸어가요.

p60

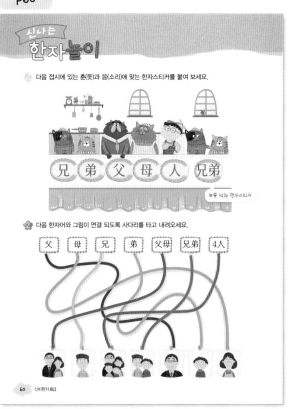

p62~63

6단계

여기 왕王들이
즐겨 먹는 맛있는
사과가 있어요.

왕王비는 마녀女로 변장을 하고 독이 든
사과를 들고 백설공주를 찾아갔어요.

말을 타고 지나가던 한
님男사가 나가와 유리관에
누워있는 백설공주를 일으켜
세웠어요. 그 남男자는 바로
이웃 나라 왕자王子였어요.

왕자王子님이
공주님을 살려
내셨다.

백설공주는 마녀女가 준
사과를 한 입口 베어 먹고
쓰러졌어요.

그림 속의 숨은 한자 찾기

男	女	王	子	口
사내 남	여자 녀(여)	임금 왕	아들 자	입 구

그렇게 백설공주와 왕자王子는
결혼을 해서 행복하게 살았답니다.

62 신비한자 8급

63

---

p64

우리 반은 남 **男** 자 친구가 12명이에요.

p65

우리 반은 여 **女** 학생이 1명 더 많아요.

p66

사자는 동물들의 왕 **王** 이라고 합니다.

p67

발표회 때 준비한 남자 **子** 와 여자 **子** 의
옷이 달라요.

p68

우리집은 네 식구 **口** 입니다.

---

p70

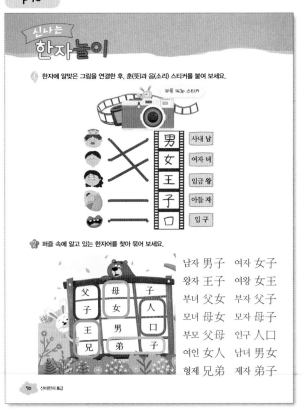

신나는
한자놀이

1. 한자에 알맞은 그림을 연결한 후, 훈(뜻)과 음(소리) 스티커를 붙여 보세요.

부록 143p 스티커

男	사내 남
女	여자 녀
王	임금 왕
子	아들 자
口	입구

2. 퍼즐 속에 알고 있는 한자어를 찾아 묶어 보세요.

父	母	子
子	女	人
王	男	口
兄	弟	子

남자 男子　여자 女子
왕자 王子　여왕 女王
부녀 父女　부자 父子
모녀 母女　모자 母子
부모 父母　인구 人口
여인 女人　남녀 男女
형제 兄弟　제자 弟子

70 신비한자 8급

* 정답 몇 개만 예시로 표기했어요.

P72~73

P74

동 **東** 해 바다에 기차를 타고 가요.

P75

저녁이 되자, 해가 서 **西** 쪽으로 지고 있어요.

P76

제주도는 우리나라 남 **南** 쪽에 있는 섬이에요.

P77

북 **北** 극곰은 겨울에도 잠을 안 자요.

P78

학교 정문 **門** 으로 들어가요.

P80

99

p84

할머니 집 대 大 문은 아주 커요.

p85

중 中 심을 잘 잡고 자전거를 타요.

p86

감기에 걸려 소 小 아과에 갔어요.

p87

할아버지는 올 해 백 百 세입니다.

p88

어린이날 놀이동산에 천 千 명이 입장했어요.

p90

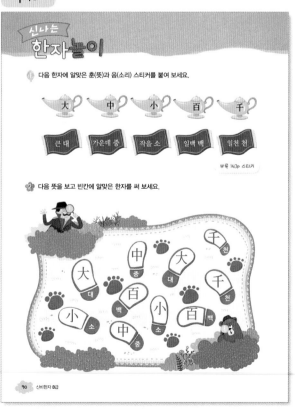

실전 예상문제 정답

HNK한중상용한자능력시험 예상문제

1. ④	2. ③	3. ⑤	4. ①	5. ②
6. ③	7. ①	8. ④	9. ②	10. ⑤
11. ②	12. ④	13. ①	14. ⑤	15. ③
16. ④	17. ③	18. ②	19. ①	20. ④
21. ⑤	22. ③	23. ②	24. ⑤	25. ①
26. ④	27. ③	28. ②	29. ①	30. ③
31. ④	32. ⑤	33. 사내 남	34. 다섯 오	35. 북녘 북
36. 자녀	37. 부자	38. 인구	39. 칠천	40. 대소

대한검정회 예상문제

1. ①	2. ④	3. ④	4. ④	5. ②
6. ①	7. ④	8. ③	9. ④	10. ③
11. ②	12. ③	13. ②	14. ①	15. ②
16. ①	17. ④	18. ③	19. ②	20. ③
21. ②	22. ④	23. ①	24. ①	25. ③

실전 예상문제

HNK 한중상용한자 예상문제 1회

대한검정회 예상문제 1회

OMR 카드

선택형 [1~32]

※ 다음 물음에 맞는 답의 번호를 답안지의 해당 답란에 쓰세요.

[1~5]
한자의 뜻과 음을 〈보기〉에서 고르세요.

〈보기〉		
① 아홉 구	② 쇠 금	③ 동녘 동
④ 물 수	⑤ 여섯 륙	

1   水   (   )

2   東   (   )

3   六   (   )

4   九   (   )

5   金   (   )

[6~10] 그림과 관계있는 한자를 〈보기〉에서 고르세요.

〈보기〉		
① 火	② 人	③ 乙
④ 月	⑤ 口	

6   (   )

7   (   )

8   (   )

9   (   )

10   (   )

[11~15]

다음 뜻과 음에 해당하는 한자를 〈보기〉에서 고르세요.

〈보기〉		
① 百	② 西	③ 下
④ 八	⑤ 母	

11 서녘 서   (   )

12 여덟 팔   (   )

13 일백 백   (   )

14 어미 모   (   )

15 아래 하   (   )

[16~17]

뜻이 반대되는 한자를 〈보기〉에서 고르세요.

〈보기〉	
① 南	② 四
③ 小	④ 女

16 男   (   )

17 大   (   )

[18~22]

밑줄 친 낱말의 뜻을 가진 한자를 〈보기〉에서 고르 세요.

〈보기〉
① 土　　　② 十　　　③ 上
④ 山　　　⑤ 門

18　방학 숙제로 책 **열** 권 읽기를 했습니다.
　　　　　　　　　　　　　　　　（　　）

19　매 주 **토**요일은 놀이터에서 친구들과 놀아요.
　　　　　　　　　　　　　　　　（　　）

20　삼촌은 주말에 등**산**을 자주 갑니다.
　　　　　　　　　　　　　　　　（　　）

21　손님이 오셔서 달려가 **문**을 열어드렸어요.
　　　　　　　　　　　　　　　　（　　）

22　봄이 오자 나무**위**에 목련이 가득 피었어요.
　　　　　　　　　　　　　　　　（　　）

[23~27]

밑줄 친 한자어를 바르게 읽은 것을 〈보기〉에서 고르세요.

〈보기〉
① 대왕　　② 화산　　③ 형제
④ 12월　　⑤ 부모

23　**火山** 폭발 위험지역은 조심해서 여행을 가야
　　합니다.　　　　　　　　　　　（　　）

24　체육대회 날 **父母**님과 함께 달리기를 했어요.
　　　　　　　　　　　　　　　　（　　）

25　세종**大王**께서 한글을 창조 하셨습니다.
　　　　　　　　　　　　　　　　（　　）

26　**十二月**은 크리스마스가 있어 기다려 집니다.
　　　　　　　　　　　　　　　　（　　）

27　우리집 **兄弟**는 3명 입니다.　　　（　　）

[28~32]

밑줄 친 낱말을 한자로 바르게 쓴 것을 〈보기〉에서 고르세요.

〈보기〉
① 王子　　② 水中　　③ 火木
④ 弟子　　⑤ 南北

28　**수중**에는 많은 생물들이 살고 있어요.

(　　)

29　생일 날 **왕자** 옷을 입고 사진을 찍었어요.

(　　)

30　매주 **화목** 두 번 운동을 하러 가요.

(　　)

31　선생님의 **제자**들은 모두 어른이 되었어요.

(　　)

32　**남북**으로 길게 이어진 길에서 달리기대회를
해요.　　　　　　　　　　　　 (　　)

단답형 [33~35]

※ 다음 물음에 맞는 답을 답안지의 해당 답란에 쓰세요.

[33~35]

한자의 뜻과 음을 쓰세요.

예시 : 一 (한 일)

33　男　　　　　　　　　　(　　)

34　五　　　　　　　　　　(　　)

35　北　　　　　　　　　　(　　)

[36~40]

한자어의 독음을 쓰세요.

예시 : 一 二 (일이)

36　子女　　　　　　　　　(　　)

37　父子　　　　　　　　　(　　)

38　人口　　　　　　　　　(　　)

39　七千　　　　　　　　　(　　)

40　大小　　　　　　　　　(　　)

■ 다음 물음에 맞는 답의 번호를 골라 답안지의 해당 답
 란에 표시하시오.

※ 그림에 알맞은 한자를 고르시오.

1. (   )

① 母
② 南
③ 月
④ 九

2. (   )
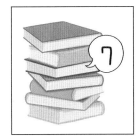
① 男
② 西
③ 父
④ 七

3. (   )

① 水
② 十
③ 女
④ 土

※ 한자의 뜻과 음으로 바른 것을 고르시오.

4. 東 (   )   5. 金 (   )   6. 五 (   )

〈 보기 〉
① 다섯 오   ② 쇠 금   ③ 아홉 구   ④ 동녘 동

7. 兄 (   )   8. 火 (   )

〈 보기 〉
① 여섯 륙   ② 넉 사   ③ 불 화   ④ 형 형

※ 뜻과 음에 알맞은 한자를 고르시오.

9. 문   문 (   )
10. 북녘   북 (   )
11. 날   일 (   )

〈보기〉 ① 水   ② 日   ③ 北   ④ 門

12. 아들   자 (   )
13. 나무   목 (   )
14. 여덟   팔 (   )

〈보기〉 ① 八   ② 木   ③ 子   ④ 月

15. 아우   제 (   )
16. 물   수 (   )
17. 두   이 (   )
18. 아들   자 (   )

〈보기〉 ① 水   ② 弟   ③ 子   ④ 二

※ 어휘를 바르게 읽은 것을 고르시오.

19. 木土 (   )
20. 三六 (   )

〈보기〉 ① 수목   ② 목토   ③ 삼육   ④ 육이

※ 낱말의 뜻에 알맞은 한자를 고르시오.

21. 모자: 어머니와 아들.
 (   )
22. 자녀: 아들과 딸.
 (   )

〈보기〉
① 父女
② 母子
③ 母女
④ 子女

※ 밑줄 친 어휘를 바르게 읽은 것을 고르시오.

23. 한자공부를 시작한지 四五개월 지났다. (   )
 ① 사오   ② 사십   ③ 오륙   ④ 오십

24. 선생님의 弟子들은 그림을 잘 그린다. (   )
 ① 제자   ② 형제   ③ 자녀   ④ 손자

※ 밑줄 친 부분을 한자로 바르게 쓴 것을 고르시오.

우리반은 이십명이 넘는다.

25. (   )
 ① 三十   ② 十二   ③ 二十   ④ 四十

♣ 수고하셨습니다.

HNK 한자능력시험 8급 답안지

유의사항

1. 수험번호를 바르게 씁니다.
2. 모든 표기 및 답안 작성은 지워지지 않는 검정색 필기구를 사용해야 합니다.
3. 바르지 못한 표기를 하였거나 불필요한 표기를 하였을 경우 풀이엽을 받을 수 있습니다.
4. 표기가 잘못되었을 경우는 수정테이프로 깨끗이 지운 후 다시 칠하거나 쓰십시오.

감독위원 확인란
(※수험생은 표기하지 말 것)

결시자의 수험번호를 쓰고 아래에 표기	○

감독위원 서명	성명, 수험번호 표기가 정확한지 확인 후 서명 또는 날인	⑩

결시자 표기	수험번호 표기가 정확한지 확인 후 서명 또는 날인	

채점위원	채심		득점문항수
조심	⑩	⑩	

국제공인 한자자격검정 관리기관
사단법인 한중문자교류협회

国家汉办 (Hanban)

Hanban

다락원

답안란(1~40)

1	○	11	○	21	○	31	○
2	○	12	○	22	○	32	○
3	○	13	○	23	○	33	○
4	○	14	○	24	○	34	○
5	○	15	○	25	○	35	○
6	○	16	○	26	○	36	○
7	○	17	○	27	○	37	○
8	○	18	○	28	○	38	○
9	○	19	○	29	○	39	○
10	○	20	○	30	○	40	○

HNK 한자능력시험 8급 답안지

수험번호			
성 명			

유의사항

1. 수험번호를 바르게 씁니다.
2. 모든 표기 및 답안 작성은 지워지지 않는 검정색 필기구를 사용해야 합니다.
3. 바르지 못한 표기를 하였거나 불필요한 표기를 하였을 경우 불이익을 받을 수 있습니다.
4. 표기가 잘못되었을 경우는 수정테이프로 깨끗이 지운 후 다시 칠하거나 쓰십시오.

감독위원 확인란
(※수험생 표기하지 말 것)

결시자의 수험번호를 쓰고 아래에 표기	
성명, 수험번호 표기가 정확한지 확인 후 서명 또는 날인	○

감독위원 서명	
결시자 표기	○

	채점위원		
	채점		
감독위원 서명	특점 문항 수	
초심	⑩	

国家汉办 (Hanban)   국제적인 한자자격 공인기관 사단법인 한중문자교류협회   다락원

❖ 답안란의 'O'은 채점용이므로 수험생은 표기하지 않습니다.

답안란(1~40)

1	○	11	○	21	○	31	○
2	○	12	○	22	○	32	○
3	○	13	○	23	○	33	○
4	○	14	○	24	○	34	○
5	○	15	○	25	○	35	○
6	○	16	○	26	○	36	○
7	○	17	○	27	○	37	○
8	○	18	○	28	○	38	○
9	○	19	○	29	○	39	○
10	○	20	○	30	○	40	○

견본

제 □ □ 회

[제0-3호 서식]

사단
법인 대한민국자금교육연구원 / 대한민국자금수지격정시험 답안지

KTA 대한검정회
Korea Test Association

성 명

수험번호 (전화학께 기재하고 해당란에 ● 처럼 칠할 것)

성명 | ※ 모든 □안의 기
표는 첫칸부터 한
자씩 쓰고 해당란에
자세히 쓰시오.

7급
8급
이능
표기
란

주민번호 앞6자리 (생년월일)

성
명

| 생 | 년 | 월 | 일 |

※ 감 독 관 확 인 란

부 감독관 확인란

※ 예 : 2001. 11. 22 ⇒ 01 11 22

| 0 0 |

답 안 표 기 란

1	① ② ③ ④	6	① ② ③ ④	11	① ② ③ ④	16	① ② ③ ④	21	① ② ③ ④
2	① ② ③ ④	7	① ② ③ ④	12	① ② ③ ④	17	① ② ③ ④	22	① ② ③ ④
3	① ② ③ ④	8	① ② ③ ④	13	① ② ③ ④	18	① ② ③ ④	23	① ② ③ ④
4	① ② ③ ④	9	① ② ③ ④	14	① ② ③ ④	19	① ② ③ ④	24	① ② ③ ④
5	① ② ③ ④	10	① ② ③ ④	15	① ② ③ ④	20	① ② ③ ④	25	① ② ③ ④

견본

[제10-3호 서식]

제 □□ 회

사단법인 대한민국한자교육연구회 / 대한검정회 Korea Test Association

대한민국한자급수자격검정시험 답안지

00

성명

수험번호 (정확하게 기재하고 해당란에 ● 처럼 칠할 것.)

※모든 표기는 첫 칸부터 한 자씩 쓰시오.

7급 ○
8급 ○
이하 시 급표기란

주민번호 앞6자리 (생년월일)

성별

※감독위원확인란

전
후

※감독위원확인란
부

※ 예: 2001. 11. 22 ⇒ 01 11 22

성별: 남 ○ 여 ○

※ 참고사항

▼ 시험준비물
- 수험표
- 신분증
- 수정테이프
- 검정색볼펜

◆ 시험준비물을 제외한 모든 물품은 가방에 넣어 지정된 장소에 보관할 것.

시험시간 : 14:00~15:00(60분)

합격기준 : 100점 만점 중 70점

합격자발표 : 시험 4주후 발표
- 음성안내 및 ARS(060-700-2130)

지역별 교부방법
- 방문접수자는 접수처에서 교부
- 인터넷접수자는 등기로 개별발송

※ 주 의 사 항

1. 답안지가 구겨지거나 더럽혀지지 않도록 할 것이며 모든 [영역] 기록은 첫 칸부터 한 자씩 붙여 쓸 것.

2. 답안지의 모든기재 및 표기사항은 검정색볼펜을 사용하여 기재하고 해당란에 ● 처럼 칠할 것.

3. 수험번호의 생년월일을 정확하게 기재하여 주십시오.

4. ※ 표기가 있는 란은 절대 기입하지 말 것.

5. 기재오류로 인한 책임은 모두 시자 여러분에게 있습니다.
- 시험종료 후 시험지 및 답안지를 반드시 제출하십시오.

답안표기란

한, 하나 **일**

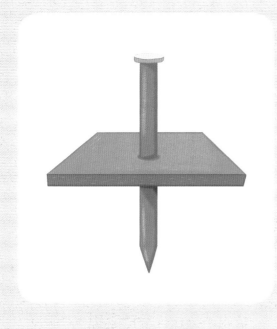

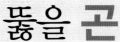

뚫을 **곤**

점 **주**

一

총 1획　　　　8급

丶

총 1획　　　　8급

丨

총 1획　　　　8급

삐침 **별**

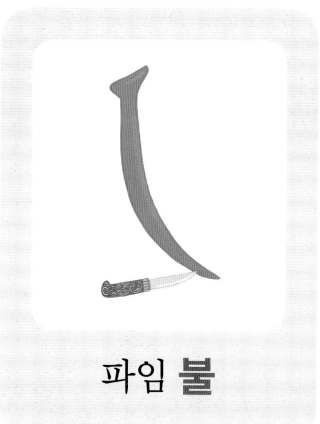

파임 **불**

새 을

갈고리 **궐**

丶

8급

丿

8급

亅

8급

乙

8급

머리 **두**

걷는 사람 **인**

덮을 **멱**

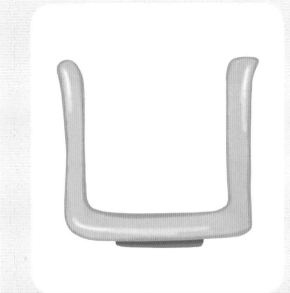

입 벌릴 **감**

儿

凵

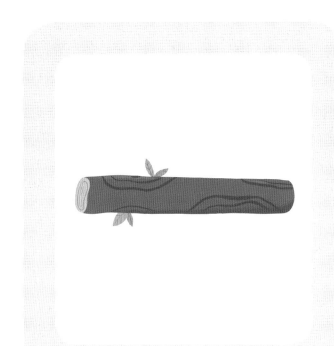

한, 하나 **일**

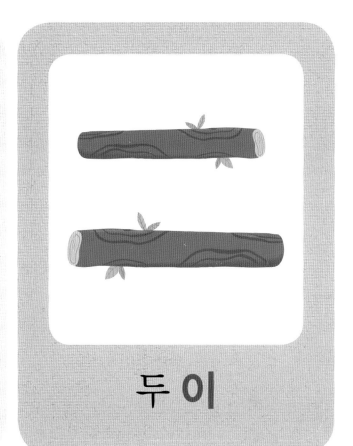

두 **이**

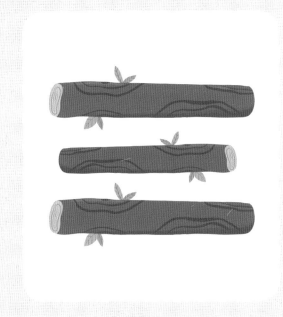

석 **삼**

넉 **사**

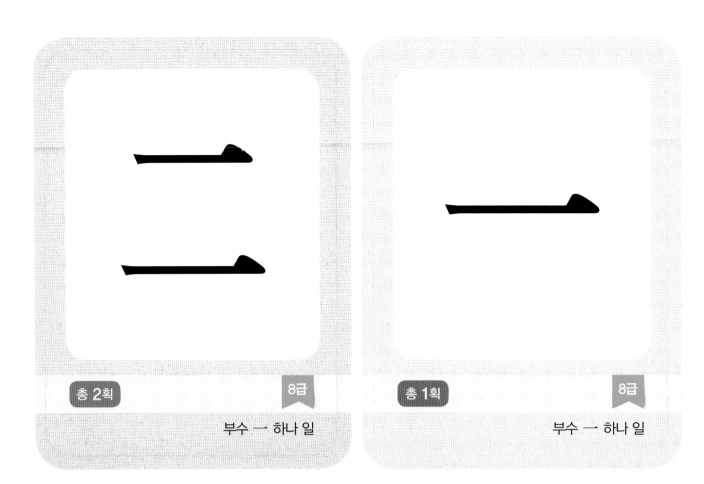

二

총 2획　　　8급

부수 一 하나 일

一

총 1획　　　8급

부수 一 하나 일

东
dōng

四

총 5획　　　8급

부수 口 큰입구 몸

三

총 3획　　　8급

부수 一 하나 일

다섯 **오**

여섯 **륙(육)**

일곱 **칠**

여덟 **팔**

六

총 4획

8급

부수 八 여덟 팔

五

총 4획

8급

부수 二 두 이

八

총 2획

8급

부수 八 여덟 팔

七

총 2획

8급

부수 一 하나 일

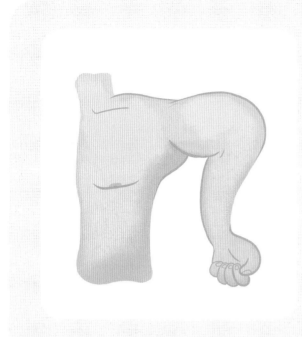

아홉 구

열 십

날 일

달 월

총 2획 　8급

부수 十 열 십

총 2획 　8급

부수 乙 새 을

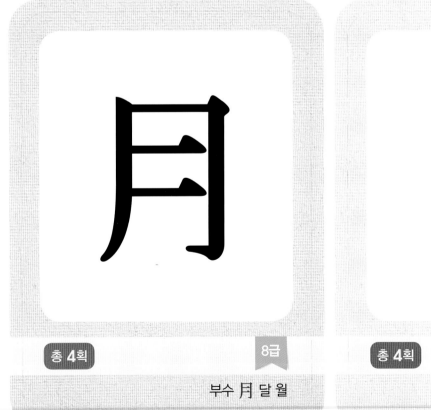

총 4획 　8급

부수 月 달 월

총 4획 　8급

부수 日 날 일

메 산

윗 상

아래 하

불 화

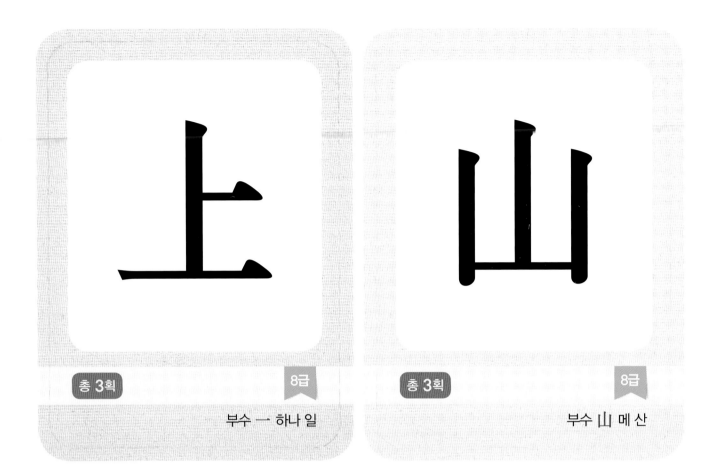

上

총 3획   8급

부수 一 하나 일

山

총 3획   8급

부수 山 메 산

火

총 4획   8급

부수 火 불 화

下

총 3획   8급

부수 一 하나 일

물 **수**

나무 **목**

쇠 **금**/성 **김**

흙 **토**

木

총 4획   8급

부수 木 나무 목

水

총 4획   8급

부수 水 물 수

土

총 3획   8급

부수 土 흙 토

金

총 8획   8급

부수 金 쇠 금

아비 **부**

어미 **모**

형 **형**

아우 **제**

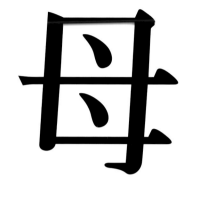

총 5획   8급

부수 毋 말 무

父

총 4획   8급

부수 父 아비 부

총 7획   8급

부수 弓 활 궁

兄

총 5획   8급

부수 儿 걷는 사람 인

사람 **인**

사내 **남**

여자 **녀(여)**

임금 **왕**

男

총 7획　　8급

부수 田 밭 전

人

총 2획　　8급

부수 人 사람 인

王

총 4획　　8급

부수 王 구슬옥변

女

총 3획　　8급

부수 女 여자 녀

아들 **자**

입 **구**

동녘 **동**

서녘 **서**

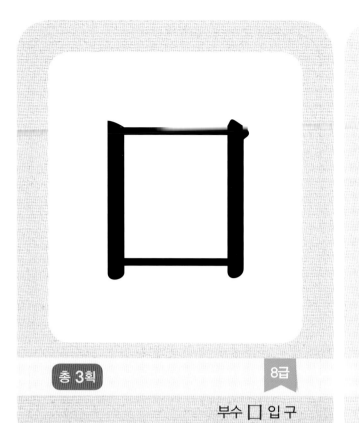

총 3획   8급

부수 口 입 구

총 3획   8급

부수 子 아들 자

총 6획   8급

부수 襾 덮을 아

东
dōng

총 8획   8급

부수 木 나무 목

남녘 **남**

북녘 **북**

문 **문**

큰 **대**

北

총 5획 8급

부수 匕 비수 비

南

총 9획 8급

부수 十 열 십

大

총 3획 8급

부수 大 큰 대

門

门
mén

총 8획 8급

부수 門 문 문

가운데 **중**

작을 **소**

일백 **백**

일천 **천**

총 3획   8급

부수 小 작을 소

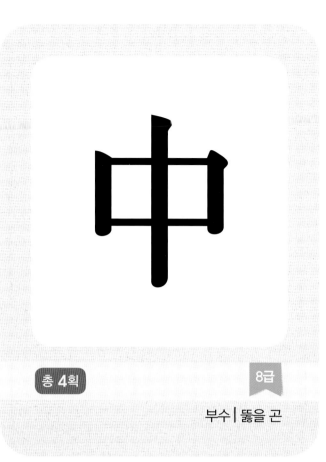

총 4획   8급

부수 丨 뚫을 곤

총 3획   8급

부수 十 열 십

총 6획   8급

부수 白 흰 백

8급 배정한자 모아보기(50字)

★ 음을 기준으로 가나다 순서로 정리했습니다.
★ 한어병음은 중국어 발음 표기법입니다.
★ 대표훈음보다 자세한 것은 자전을 참고합니다.
★ ( )는 한자의 뜻을 이해하는 데 목적을 둔 표현입니다.
★ [ ]는 중국에서 쓰는 간체자입니다.

口	九	金	南	男
입 구	아홉 구	쇠 금, 성 김	남녘(남쪽) 남	사내 남
kǒu	jiǔ	jīn	nán	nán

女	大	東[东]	六	母
여자 녀(여)	큰 대	동녘(동쪽) 동	여섯 륙(육)	어미(어머니) 모
nǚ	dà	dōng	liù	mǔ

木	門[门]	百	父	北
나무 목	문 문	일백(100) 백	아비(아버지) 부	북녘(북쪽) 북
mù	mén	bǎi	fù	běi

四	山	三	上	西
넉(넷) 사	메 산	석(셋) 삼	윗 상	서녘(서쪽) 서
sì	shān	sān	shàng	xī

小	水	十	五	王
작을 소	물 수	열 십	다섯 오	임금 왕
xiǎo	shuǐ	shí	wǔ	wáng

月 달 **월** yuè	二 두(둘) **이** èr	人 사람 **인** rén	一 한(하나) **일** yī	日 날, 해 **일** rì
子 아들 **자** zǐ	弟 아우(동생) **제** dì	中 가운데 **중** zhōng	千 일천(1,000) **천** qiān	七 일곱 **칠** qī
土 흙 **토** tǔ	八 여덟 **팔** bā	下 아래 **하** xià	兄 형 **형** xiōng	火 불 **화** huǒ

기본 획도 익혀요

★ 한자에서 기본 획으로 쓰이는 글자를 선정했습니다.

一 한 **일**	丨 뚫을 **곤**	丶 점 **주**	丿 삐침 **별**	乀 파임 **불**
乙乚 새, 굽을 **을**	亅 갈고리 **궐**	亠 머리 **두**	儿 걷는 사람 **인**	冖 덮을 **멱**
凵 입 벌릴 **감**				

1과 20p

2과 30p

3과 40p

4과 50p

한자놀이 부록스티커

5과 60p

母　兄　兄弟　父　弟　人

6과 70p

　　　임금 왕　사내 남

아들 자　여자 녀　입 구　임금 왕　사내 남

7과 80p

8과 90p

가운데 중　작을 소　큰 대　일천 천　일백 백

143